**Hallo!**

In der Geschichte findest du an einigen Stellen Profifragen zum Text.

Deine Antworten kannst du mit einem Lesezeichen überprüfen. Das kannst du hinten aus dem Buch herausnehmen.

Es ist dein Lösungsschlüssel!

Aus Verantwortung für die Umwelt hat sich der Fischer Kinder- und Jugendbuch Verlag zu einer nachhaltigen Buchproduktion verpflichtet. Der bewusste Umgang mit unseren Ressourcen, der Schutz unseres Klimas und der Natur gehören zu unseren obersten Unternehmenszielen.

Gemeinsam mit unseren Partnern und Lieferanten setzen wir uns für eine klimaneutrale Buchproduktion ein, die den Erwerb von Klimazertifikaten zur Kompensation des $CO_2$-Ausstoßes einschließt.

Weitere Informationen finden Sie unter: www.klimaneutralerverlag.de

Weitere Informationen zum Kinder- und Jugendbuchprogramm der S. Fischer Verlage finden Sie unter: www.fischerverlage.de

Erschienen bei FISCHER Duden Kinderbuch



Fachberatung: Ulrike Holzwarth-Raether
Gestaltungskonzept: Farnschläder & Mahlstedt, Hamburg
Layout: Michelle Vollmer, Mainz
Coverillustration: Dominik Rupp
Umschlagkonzept: Frauke Schneider, Wittighausen
Umschlaglayout: Mischa Acker, Brühl

Druck und Bindung:
Grafisches Centrum Cuno GmbH & Co. KG, Calbe
Printed in Germany
ISBN 978-3-7373-3493-8

# Lustige Erstlesegeschichten für Jungs

Bettina Obrecht, Daniel Napp

mit Bildern von Daniel Napp

FISCHER Duden Kinderbuch

# Inhalt

# Ein bester Freund mal zwei

Leo hat einen richtigen Freund.
Ganz für sich allein.
Der Freund heißt Mick.
Mick und Leo. Leo und Mick.

Sie sind immer zu zweit.
In der Schule, nach der Schule.
Nur nachts ist jeder zu Hause.

Manchmal hat Leo nachts Angst.
Dann erzählt er Mick später,
was er geträumt hat.
„Die Mondgespenster waren da“,
sagt er zum Beispiel.
„Hast du Angst gehabt?“, fragt Mick.
Leo nickt.
„Die machen wir fertig“, sagt Mick.

Mick hat keine Angst
vor Mondgespenstern.
Mick hat nur Angst vor Spinnen.
Leo findet Spinnen gut.
Gute Freunde müssen nicht
die gleiche Angst haben.

Mick und Leo haben Geheimnisse!
Sie kennen einen Baum mit einer Höhle.
Darin brüten Spechte.
Leo und Mick wissen,
wo man das zitronigste Zitroneneis
kaufen kann.
Sie wissen,
wie viel man davon essen kann,
ohne Bauchschmerzen zu bekommen.

Sie wissen auch,
wie man den dicken Hausmeister
ärgern kann.
Und sie wissen,
wo man sich versteckt,
wenn man den dicken Hausmeister
geärgert hat.

Da zieht neben Micks Haus
eine neue Familie ein.
Eine Familie mit einem Jungen.
Er ist so alt wie Mick und Leo.
Als sie auf der Straße Fußball spielen,
kommt der Junge heraus.
„Wollt ihr nicht lieber
mit mir Basketball spielen?“, fragt er.
„Mein Vater hat an der Garage
einen Korb aufgehängt.“
„Au ja“, sagt Mick.
„Immer nur Fußball ist langweilig.“

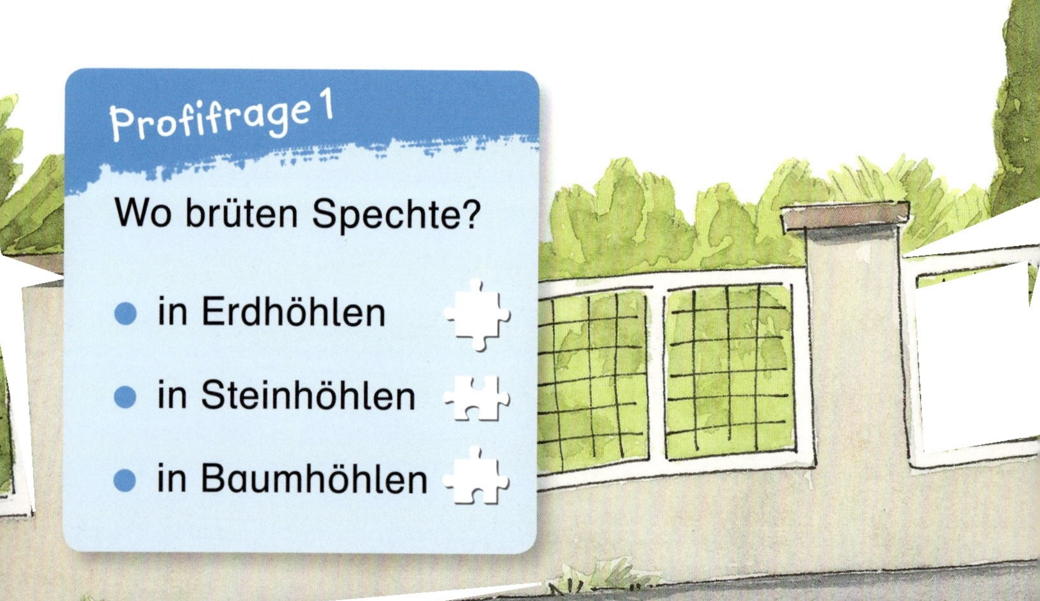

**Profifrage 1**

Wo brüten Spechte?

- in Erdhöhlen
- in Steinhöhlen
- in Baumhöhlen

„Ich heiße Marco“, sagt der Junge.
„Ich heiße Mick“, sagt Mick.
„Und das hier ist Leo.“
„Ich komme in die 2b“, sagt Marco.
„Wir sind in der 2b!“, sagt Mick.
Marco strahlt. „Das ist ja toll!
Wir können zusammen
zur Schule gehen.“
„Au ja“, sagt Mick.

Marco spielt sehr gut Basketball.
Fast mit jedem Wurf
trifft er in den Korb.
„Super“, sagt Mick.
„Wie machst du das?“
Marco lacht.
„Übung“, sagt er. „Wenn ihr wollt,
könnt ihr bei mir üben.“
Leo schüttelt den Kopf.
Aber Mick ist begeistert.

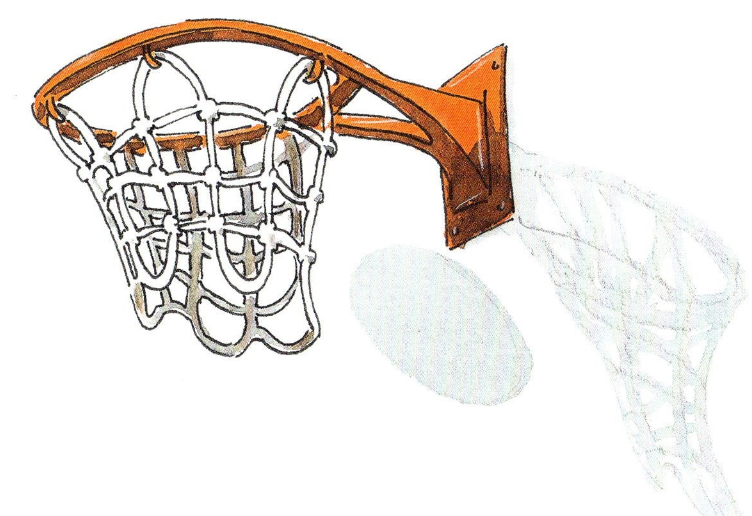

„Ich übe jeden Tag“, verspricht er.
„Au ja!“, sagt Marco.
„Dann sind wir eine Mannschaft.
Mick und Marco. Marco und Mick.
Wir passen zusammen.
Unsere Namen fangen beide mit M an.“
Sie lachen.
Leo lacht nicht.
Er heißt ja auch nicht Meo.
Aber die Mondgespenster
fangen mit M an.
Hoffentlich sagt Mick nichts
von den Mondgespenstern.

Marco geht ins Haus.
Er sucht die Ballpumpe.
Darauf hat Leo gewartet.
„Gehen wir später zur Spechthöhle?“,
flüstert er Mick zu.
Er flüstert,
weil es ein Geheimnis ist.
Es gehört nur Mick und Leo.
„Ja, gut“, sagt Mick.

Da kommt Marco zurück.
„Du, Marco“, sagt Mick.
„Wir kennen eine Höhle.
Da wohnen Spechte drin.
Möchtest du sie sehen?“
„Au ja!“, sagt Marco.
Leo ist bitterböse.
Mick hat das Geheimnis verraten!
Ein richtiger Freund
darf kein Geheimnis verraten.

Leo stupst Mick in die Rippen.
Aber Mick merkt nichts.
„Ich habe noch nie eine Spechthöhle gesehen“, sagt Marco aufgeregt.
„Ich weiß nicht“, murmelt Leo, „vielleicht haben Spechte Angst, wenn zu viele Menschen kommen.“
Aber Mick schüttelt den Kopf.
„Drei sind nicht viele“, sagt er.
„Drei sind nur einer mehr als zwei.“

**Profifrage 2**

Leo ist bitterböse auf seinen Freund, weil …

- er ihr Geheimnis verraten hat.

Die jungen Spechte
sind schon geschlüpft.
Die Eltern bringen Futter.
Es sieht nicht so lecker aus.
Aber Mick ist begeistert.
Marco ist auch begeistert.
Nur Leo freut sich nicht.
Alleine mit Mick ist alles viel schöner.

- er besser Basketball spielen kann.
- er ihm nichts vom Eis abgibt.

„Blöder Marco“, denkt Leo.
„Alles macht er kaputt.“
Niemals wird er Marco
von den Mondgespenstern erzählen.
„Was hast du?“, fragt Mick.
Leo schweigt.
Ein richtiger Freund
muss alles verstehen.
Auch ganz ohne Worte.

Auf dem Rückweg
reden Mick und Marco miteinander.
Sie reden und reden.
Mick und Marco, Marco und Mick.
Leo sagt nichts.
Er tritt mit dem Fuß
nach den Tannenzapfen.
Einen kickt er vor Micks Füße.
Mick kickt ihn zurück.
Gleich geht es Leo besser.

Aber vor seinem Haus
sagt Mick zu Marco: „Willst du
meine Federsammlung sehen?"
„Au ja", sagt Marco.
Immer sagt Marco: „Au ja."
Fällt ihm denn nichts anderes ein?
„Ich kenne die schon", sagt Leo.
Er kickt den Tannenzapfen
ins Gebüsch.

Leo kommt nach Hause.
„Wo ist Mick?“, fragt Mama.
„Hast du ihn nicht mitgebracht?“
„Nein“, murmelt Leo.
„Schade!“, sagt Mama.
„Mir doch egal!“, sagt Leo.

Er geht in den Garten
und versucht, die Katze zu fangen.
Vielleicht will sie
mit ihm Fußball spielen.
Aber die Katze hat keine Lust.
Sie will nur klettern.
Leo klettert nicht gern.
Er hat ein komisches Gefühl im Bauch.
So ähnlich wie Hunger.
Aber essen hilft nicht.

## Profifrage 3

Leo hat ein komisches Gefühl im Bauch.

- So ähnlich wie Hunger.
- So ähnlich wie Wut.
- So ähnlich wie Angst.

In der Schule sitzt Mick neben Leo.
Marco sitzt zwei Tische weiter.
Dauernd schreibt Mick
kleine Zettel an Marco.
Marco schreibt zurück.
Mick zeigt Leo die Zettel nicht.
Leo will auch gar nicht wissen,
was auf den Zetteln steht!

Aber dann schreibt er selbst
einen Zettel an Mick: „Spielen wir
heute Fußball?“, steht darauf.
„Ich will Basketball trainieren“,
schreibt Mick zurück.
In dieser Nacht
kommen die Mondgespenster wieder.
Sie spielen Basketball.
Ihre Bälle sind Zitronen.
Und sie treffen jedes Mal.

„Wieso bist du gestern nicht
zum Trainieren gekommen?“,
fragt Marco am nächsten Tag.
„Basketball ist blöd!“, sagt Leo böse.
„Und Federnsammeln auch.
Überhaupt seid ihr beide blöd.“
Leo rennt über den Schulhof davon.

Mick und Marco schauen ihm nach.
„Was hat der denn?“,
wundert sich Marco.
„Der ist selber blöd“, sagt Mick.
Aber im Bauch hat er
ein ganz komisches Gefühl.
So ähnlich wie Hunger.
Aber essen hilft nicht.

## Profifrage 4

Was sagt Mick über Leo,
als er davonrennt?

- „Der ist selber schuld.“
- „Der ist selber blöd.“
- „Der ist selber gemein.“

Leo ist allein zu Hause.
Er langweilt sich.
„Ich langweile mich gar nicht“,
sagt er zur Katze.
„Ich kann alleine spielen.“
Aber es macht keinen Spaß.
Wie gerne möchte Leo
jetzt mit Mick spielen!
Nur sie beide. So wie früher.

Nein,
das ist gar nicht wahr.
Leo möchte nie wieder
mit Mick Fußball spielen.
Da kickt er lieber allein
gegen das Garagentor.
Das wummert so schön laut.
Es klingt wie wütender Donner.
Leo braucht Mick nicht.
Mit den Mondgespenstern
wird er allein fertig.
„Ich gehe nie mehr zu dem“,
sagt er zur Katze.
„Da kann er lange warten.“

Die Katze schaut ihn an.
Sie kratzt sich. Dann geht sie weg.
Leo schaut ihr nach.
„Wenn sie nach links geht,
gehe ich zu Mick“, denkt er.
„Wenn sie nach rechts geht,
gehe ich nie wieder hin.
Nie, nie wieder.“

Die Katze geht nach rechts.
„Du bestimmst gar nicht“, sagt Leo.
Er geht einfach los
in die Richtung von Micks Haus.
Er hat Herzklopfen.
An der Ecke von Micks Straße
kommt ihm Mick entgegen. Allein.

„Ich wollte zu dir“, murmelt Leo.
„Und ich wollte dich gerade
zu einem zitronigen Zitroneneis
einladen“, sagt Mick.
Jetzt weiß Leo endlich,
worauf er Hunger hat:
natürlich auf Zitroneneis!

Sie gehen zusammen los.
„Weißt du“, sagt Mick. „Ich spiele auch gerne Fußball.“
„Ja“, sagt Leo. „Aber ab und zu kann man ruhig Basketball spielen. Basketball ist nicht ganz blöd. Und weißt du was? Ich passe zur Mannschaft. Marco und Leo hören beide mit o auf.“

„Stimmt“, sagt Mick. „Und wie geht es deinen Mondgespenstern?“
„Die machen jetzt Urlaub“, sagt Leo. „Urlaub auf dem Mond.“
Sie kichern. Und dann kaufen sie drei Portionen zitroniges Zitroneneis.

# Ein Tauchkurs für Olli

Olli liegt auf dem Bett
und denkt an die Sommerferien.
Da will er unbedingt
einen Tauchkurs belegen.
Sein größter Wunsch ist es,
im Meer mitten in einem Schwarm
riesiger Fische zu schwimmen!

Genau wie der Taucher
aus dem Urlaubsprospekt.
Aber sein Vater findet,
dass zwei Wochen auf La Palma
schon genug Geld kosten.
Auch ohne Tauchkurs.

Da hat Olli eine Idee.
Bald hat er doch Geburtstag …
Wie wäre es, wenn er sich
statt des ferngesteuerten Monsters
einfach den Tauchkurs wünscht?

**Profifrage 5**

Was hat sich Olli vorher
zum Geburtstag gewünscht?

- einen ferngesteuerten Monstertruck
- ein Feuer speiendes Monster
- ein ferngesteuertes Monster

Schnell holt er Schere und Klebstoff
und bastelt einen Wunschzettel.
Es wird ein Wunschzettel ohne Worte:
Er schneidet den Taucher
aus dem Prospekt aus
und klebt ihn auf ein Blatt Papier.
Über das Gesicht pappt er
ein altes Passfoto von sich.
Dann malt er den Rest des Zettels
mit bunten Riesenfischen voll.

Drei Wochen später
hat Olli endlich Geburtstag.
Strahlend überreichen seine Eltern
ihm ein großes Paket. Olli zögert.
Für einen Tauchkurs-Gutschein
ist es viel zu groß …
Bekommt er etwa gleich eine
Taucherausrüstung mit dazu?

Olli reißt das Papier auf.
Darunter findet er … ein Aquarium.
Wie blöd! Irgendwie haben seine Eltern den Wunschzettel falsch verstanden.

„Herzlichen Glückwunsch!“, sagt sein großer Bruder Michael. Vorsichtig reicht er Olli eine mit Wasser gefüllte Plastiktüte. Darin schwimmt ein Schwarm Neonfische. Neonfische kennt Olli. Sarahs Eltern haben welche in ihrem Aquarium. Olli macht sich immer darüber lustig. Weil doch Neonfische die langweiligsten Fische der Welt sind!

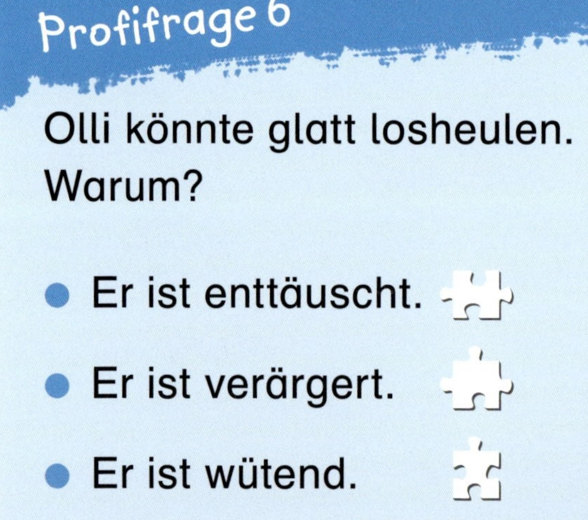

### Profifrage 6

Olli könnte glatt losheulen. Warum?

- Er ist enttäuscht.
- Er ist verärgert.
- Er ist wütend.

Jetzt könnte Olli glatt losheulen.
Trotzdem tut er so,
als würde er sich freuen.
Schließlich haben seine Eltern
und der Michael es nur gut gemeint.
Aber den Tauchkurs
kann er jetzt vergessen.

Am nächsten Tag
kommt Sarah zu Besuch.
Als Geschenk bringt sie Olli
einen Spielzeugtaucher aus Plastik mit.
Den kann er jetzt wenigstens
in seinem Aquarium tauchen lassen.
Mitten in einem Schwarm Neonfische.
Doch als sie den Taucher
ins Wasser lassen, verstecken sich
die Fische hinter einer Wurzel.

Darüber kann Olli wieder lachen.
„Was für Angsthasen! Ich brauche unbedingt größere Fische“, sagt er.
„Und ich weiß auch schon, wo es die gibt!“, ruft Sarah.
Sie nimmt Olli an der Hand und schleift ihn durch die Fußgängerzone.
Vor einer Zoohandlung bleibt sie stehen.

„Der alte Herr Schmidt hat das größte Riesenaquarium der ganzen Stadt“, sagt Sarah. Leider hängt an der Ladentür ein Schild: „Wegen Reinigungsarbeiten vorübergehend geschlossen.“

„Schöner Käse“, sagt Sarah.

Olli entdeckt eine Katzenklappe, aber da passt nur sein Kopf durch. Sarah hat eine bessere Idee. Sie zieht Olli aus der Katzenklappe und führt ihn über einen Hof zum Hintereingang der Zoohandlung.

Sarah drückt gegen die Hintertür.
Sie ist unverschlossen.
„Ist das nicht Einbruch?“, fragt Olli.
„Ach was“, sagt Sarah.
„Der alte Herr Schmidt kennt mich ja.
Sicher freut er sich über Besuch.“

## Profifrage 7

Durch welchen Eingang führt Sarah ihren Freund?

- durch den Nebeneingang
- durch den Hintereingang
- durch den Seiteneingang

In der Zoohandlung riecht es
nach Sägespänen und Kaninchen.
Von Herrn Schmidt keine Spur.
„Herr Schmidt?“, ruft Sarah.
Keine Antwort.
Olli will einen Papagei füttern,
aber Sarah zieht ihn weiter.

Im nächsten Raum ist es
ziemlich düster.
Nur etwas Neonlicht
scheint aus den Aquarien,
in denen Zierfische kreisen.
Ein Riesenaquarium
kann Olli nirgends entdecken.

Sarah verschwindet hinter
einem Vorhang aus Plastikstreifen.
„Schau dir das an!“, ruft sie.
Olli folgt ihr in einen schmalen Raum.
Blaues Licht flackert ihnen entgegen.
Hinter einer Wand aus Panzerglas
schwimmen die größten Fische,
die Olli je gesehen hat.

Olli läuft zu der Scheibe
und drückt sich fast die Nase platt.
Ganz dicht vor ihm zieht langsam
ein riesenhafter Karpfen vorbei.
Weiter hinten entdeckt er einen Stör.

„Sieh nur“, flüstert Sarah.
Sie deutet auf einen Felsen,
hinter dem Luftblasen aufsteigen.
Olli stellt sich auf die Zehenspitzen,
um hinter den Felsen zu sehen.
Doch er erkennt nur
einen unförmigen Schatten,
der über den Boden huscht.

„Ich glaube, dahinter
ist ein Seemonster“, sagt Olli.
Mit Monstern kennt er sich aus.

## Profifrage 8

Wie heißt das seltsame Ungeheuer?

- Tiefseh-Hippogrendel
- Tiefsee-Hypogrendel
- Tiefsee-Hippogrendel

Sarah tippt sich gegen die Stirn.
„Das hier ist ein Süßwasseraquarium“,
sagt sie. „Hier gibt es keine …“
Plötzlich schreit Olli auf.
Der Schatten kommt
hinter dem Felsen hervor.
Es ist ein schwarz glänzender
Tiefsee-Hippogrendel!
Olli stürmt aus dem Raum
und versteckt sich
hinter dem Plastikvorhang.

„Hallo, Herr Schmidt!“,
hört er Sarah rufen.
Olli wagt sich aus seinem Versteck.
Von wegen Hippogrendel –
es ist ein älterer Mann
in einer Taucherausrüstung.
Der Taucher macht Sarah ein Zeichen.
„Wir dürfen in den Technikraum“,
sagt Sarah und rennt los.

Im Technikraum winden sich unzählige Rohre um das Aquarium. Dazwischen wummert eine Pumpe über einem dicken Kessel. Überall blinken kleine Lämpchen. Olli hat das Gefühl, mitten in einer Fabrik zu stehen.

„Hallo Kinder“, sagt Herr Schmidt und schiebt seine Taucherbrille hoch. „Ich wollte sowieso gerade Pause machen. Und wo ihr schon da seid, könnt ihr mir aus dem Becken helfen?“ Olli und Sarah halten die Leiter fest, während Herr Schmidt langsam die Sprossen herabklettert.

Nachdem er sich umgezogen hat,
gibt es im Büro Kuchen und Apfelsaft.
„Ich habe auch ein Aquarium“,
erklärt Olli Herrn Schmidt.
Plötzlich ist er ein bisschen stolz
auf seine Neonfische.

Doch Herr Schmidt
sieht gar nicht so glücklich aus.
„Wahrscheinlich muss ich das
Schaubecken bald schließen“,
sagt er.
„Warum denn das?“,
ruft Sarah entsetzt.
„Mein Rücken macht nicht mehr mit“,
erklärt Herr Schmidt.
„Und ein Profitaucher
kostet zu viel Geld“, seufzt er.

Plötzlich springt Olli auf und ruft:
„Aber ich bin doch ein Taucher!“
Sarah starrt Olli entgeistert an.
„Na ja, fast …“, sagt Olli.
„Aber wenn Sie mir erklären,
wie das geht, könnte ich das Becken
für Sie sauber machen.“
Olli hält die Luft an.
Da lächelt Herr Schmidt.
„Warum eigentlich nicht?“, sagt er,
und dann fangen alle an zu lachen.

Herr Schmidt zeigt Olli,
wie die Atemausrüstung funktioniert.
Dann klettert Olli in das Becken
und macht ein paar Probetauchgänge.
Bald kann Olli mühelos
unter Wasser atmen.

Unter der Aufsicht von Herrn Schmidt
entfernt er vorsichtig
die Algen vom Glas.
Die ganze Zeit umkreisen ihn
neugierig die Barsche.
Ab und zu streicht Olli dem Stör
vorsichtig über den Rücken.

Auf dem Weg nach Hause
ist Olli ganz zappelig vor Freude.
Sarah freut sich mit ihm:
Herr Schmidt kann sein
Schaubecken behalten.
Und Olli darf alle zwei Wochen
zum Tauchen kommen!
Dafür bekommt er sogar
etwas Geld von Herrn Schmidt.

„Wenn ich das Geld spare,
habe ich bis zu den Sommerferien
genug für den Tauchkurs“, sagt Olli.
Sarah lacht und sagt:
„Wenn du den dann
überhaupt noch brauchst!“

# Leseprofi von Duden – von Anfang an richtig

## 1. Klasse

**Jeweils 48 Seiten, gebunden.**

**Zwei Pferdegeschichten in einem Band. 96 Seiten**

- Das Geheimnis im Schuppen
  ISBN 978-3-7373-3468-6
- Ferien auf der Blaubeerinsel
  ISBN 978-3-7373-3472-3
- Eine Mumie geht zur Schule
  ISBN 978-3-7373-3447-1
- Ein Fohlen namens Schnuppe
  ISBN 978-3-7373-3470-9

## 2. Klasse

**Jeweils 64 Seiten, gebunden.**

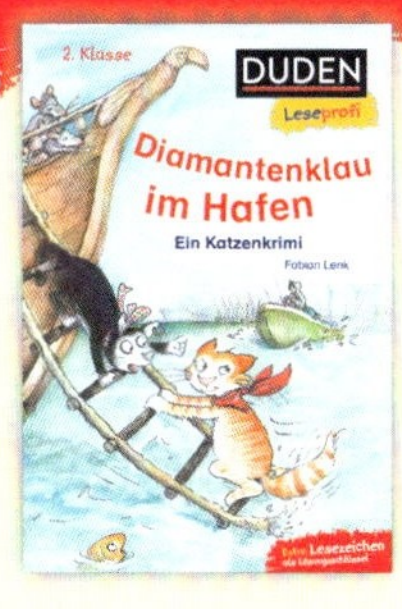

- Diamantenklau im Hafen
  ISBN 978-3-7373-3471-6
- Eine Gruselnacht im Zelt
  ISBN 978-3-7373-3442-6
- Ein Schultag im alten Rom
  ISBN 978-3-7373-3467-9
- BMX und sonst nix!
  ISBN 978-3-7373-3374-0

Alle Duden Leseprofis finden Sie unter
**www.duden-leseprofi.de**

Das Lesezeichen ist dein Lösungsschlüssel für die Profifragen!

Für jede Antwort findest du ein Puzzleteil.

Wenn es zum Puzzle auf dem Lesezeichen passt, ist die Antwort richtig!